Rückruf

poetenladen

Marie T. Martin

RÜCKRUF

Gedichte

Mit einem Nachwort
von Tom Schulz

poetenladen

Erste Auflage 2021

ISBN 978-3-948305-08-6

Illustration und Umschlaggestaltung: Franziska Neubert
Druck: Pöge Druck, Leipzig
Printed in Germany

Poetenladen, Blumenstraße 25, 04155 Leipzig, Germany
www.poetenladen-der-verlag.de
www.poetenladen.de
verlag@poetenladen.de

die einzelheiten gibt es, die erinnerung
das licht der erinnerung; und das nachleuchten gibt es.
Inger Christensen

Hoffnung ist verbunden mit dem Gefühl der Komplizenschaft mit anderen, unzähligen anderen: mit den Lebenden, den noch Ungeborenen und den Toten, die alle gleichermaßen anwesend sind.
John Berger

Alles, woran man glaubt, beginnt zu existieren.
Ilse Aichinger

Rückruf

Postkarte

Hier ist es wie nirgendwo, die Gräser leuchten. Hier ist es wie
es überall sein könnte, Stimmen fliegen, flechten sich ineinander,
ohne dass du die Hände ausstrecken musst in Verteidigung.
Der Regen fällt manchmal nach oben und du fliegst, kopfunter,
in die Wolkenfelder wie früher, als du den Königskerzen gefolgt bist.
Langsam, mit einem Knacken, bricht das Schneckenhaus, weil
du es nicht mehr brauchst. Hier ist es wie nirgendwo, der Ahorn
ist gewachsen, in seinen Ästen hast du gesessen als Käferin
oder als Licht. Hast du noch ein Telefon oder benutzt du schon
längst das Telegrafenamt an den Wurzeln? Ameisen tickern
Botschaften in das Holz, Myzele leiten Geschichten weiter,
Myriaden von Märchen voller neuartiger Figuren. Hier ist es wie
es sein könnte, wenn die Rippen nicht verklammert wären –
stimmt deine Nummer noch?

Bereit?

Bereit für was immer kommen mag, wirklich?
Auch für Diagnosen die Stirnrunzeln hervorrufen,
Tränen in den Augen der Ärztin, während du
im weißen Hemd im Krankenzimmer sitzt bereit

für einen Schwarm kleiner Fische, die deinen Körper
umkreisen mit geöffneten Mündern deine Beine
abstupsen. Berührungen während du im See
stehst bereit für den Schmerz im Rücken

der dich niederstreckt, dein Skelett dir nicht mehr
gehorcht ein Eigenleben führt, das du zu spüren
versuchst, während du auf dem Steinboden liegst um Hilfe
rufst bereit für den Blick aus deinen Augen schöner,

als der Flug einer Gruppe von Staren, die sich kreisend
formieren für Bilder am Himmel schöner als alles
die Zärtlichkeit in deinen Augen bevor wir
das Licht löschen

Anfang

Schreib doch über einen
Schuh der am Boden liegt
nur aus Buchstaben besteht
über einen Radiowecker

die Nachbarskinder
die an der Tür klingeln
schreibe über das Kissen
seine aufgeplatzte Naht

über die Arterien von Radicchio
schreib doch über die
blau angelaufene Hand
deines Vaters
über die Stille im Zimmer

Tasten, Tatzen

Armer Schwarzer Kater, je länger
du die Menschen betrachtest, desto
eher ist dir nach Weinen zumute.
Im Hof blüht eine Paulownie, die
Samenkapseln liegen noch vom
letzten Jahr auf dem Beton. Kapseln
mit Songs, jeder dreieinhalb Minuten
lang.

Eine Harke lehnt an der Wand,
mit der werden nachts die Wiesen
ausgekämmt vor der Lese. Die Leere
zwischen zwei Sätzen, als Kind
fandest du Figuren in Teppichfransen,
einen Piratenschatz, einen Weinberg.
Wer zu mir kommt und ins Katzenreich
eingeht, wird sieben Leben haben.

Armer Schwarzer Kater, du darfst
nicht weinen, wenn die Wege sich
verwirren, das Haus mehr Stockwerke
hat als es vorgibt. Hier stehen ein
Mädchen, ein Junge, die Samenkapseln
abspielen, Etüden für alle Mühseligen
und Beladenen, für alle Müden und
Berührbaren, für alle, die kein Uhrwerk
sind und abends noch Kinder.

Armer Schwarzer Kater, du bist gar
nicht arm. Siehst du den Baum, gefällt
und in Stücke zersägt, zum Abtransport

bereit? Späne von Licht sind in seinem Stamm gespeichert, Licht, das abends die Fensterläden tränkt. Du darfst dich nicht verstecken, kannst mir den Lehrweg erklären. Alle sieben Jahre sind wir jemand anderes.

Brief im April

Bekommst du noch Briefe von Toten? Ich schreibe dir
ins Jahr nach deinem Tod, was siehst du ohne Augen?
Hier wachsen Blauschote und Glimmerkraut, später
wird sich enthüllen, welche Sätze wichtig gewesen
wären. Schreibst du noch Briefe, ich schreibe mir
selbst ins Jahr meiner Geburt, ein Rollbild auf
einem Parkplatz die Kalligrafie von Reifen. Wurdest du
älter, sieht dich die fahrende U-Bahn, hält dich der Ahorn
dazwischen? Versprich mir wach zu bleiben, versprich
mir eine Rede an die Seele, in einem Gebinde aus
Weißdorn und Wacholder. Versprich mir aufzuwachen,
versprich mir, dich nie zu verlassen.

Beim Betrachten der Siedlung

Liebes Ich Wie geht es dir? Mir geht
es gut, ich sammle Fallsamen, pflanze
auf einen Kreisel gemeines Heidekraut,
den immergrünen Schneeball. Das Ende
der Straße hättest du nicht suchen sollen.
Hier wuchern Rasenmäher, Fußabtreter mit
Sprüchen, weht Küchengeruch, steht gerodeter
Mittag. Nichts was dich bewahrt vor zittrigen Bildern,

die auf dich rieseln wie Staub aus der Wüste,
der früher auf die Autoscheiben fiel. Milchglassterne
vor deinem Fenster, das Haus sieht von außen
wie sonst aus, aber alles ist gurgelnd in den Schlund
gezogen, in die Flure unterhalb, wo die Schatten
wohnen. Dort würde dich jemand fragen, ob er
trinken darf von dem Blut, das lebendig durch
deine Adern fließt. Der Ahorn wartet darauf, dass du

seine Äste besteigst, schweigend in Schleifen
den Hang hinunter schleichst. Aber jetzt bist du groß
geworden, größer noch als die ausgewiesenen
Flächen rechts vom Schlittenhang, gesicherte
Objekte, Bauprojekte großer Firmen, die selbst
das Firmament abwickeln. Adieu, ihr Lockrufe:
Kinderstimmen, Gewirbel im Inneren einer
Schneekugel. Ruht dort, ihr Flocken, in Stille,
ohne bestimmt zu werden.

Binsen, Blicke

Verschwiegene Areale, die Aale hängen über ihnen,
Flussschnellen, die Gründe der Seen, in die
du hineinblickst, einen Klumpen Froschlaich
findest, dich fragst, wer davon leben wird.

Wissen sie, dass sie Frösche werden, bemerkt
der See sein dunkles Grübeln, sein offenes Auge
ins All? Wer sieht dich, versteckt zwischen
Rohrkolben und Schilfgras, die Hände vor

dem Gesicht? Die Wasserratte, die ihre
Bewegung als Streifen nach sich zieht, so
wie du Halme knickst, wenn du weitergehst,
zurück zu den Häusern, den Strommasten,

dem fast greifbaren Lärmen dieser Gespräche,
von denen du nicht verstehst, was sie meinen.
Heilige Areale entfalten sich in den Adern
dieses Ahornblattes.

Schichten

Ich erscheine dir immer im
Schlaf, bin eine Verstörung,
ein Silberstör, der mit einem
Flossenschlag deine Träume teilt.

In Wachheit und tieferen Schlaf,
in Erdbeben und Gewissheit,
in Unsicherheit und die
Unsicherheit dahinter.

Ich erscheine dir immer im
Schlaf. Bin dein jüngeres, späteres Ich,
bin das Quellwasser aus deinen
Zellen, bin eine Empörung.

Rückruf

Rückruf, dein Ich spricht
durch die Abwasserleitung

ein Tuten zwischen den Pausen
Schritt um Schritt, diese Treppen

überspringst du, weil Gespenster
darunter wohnen, später viel später

wirst du im Traum deinem Vater
gegenübersitzen, den Mund nicht

öffnen können, weil Regen aus
einer Rinne in dein Gesicht läuft

Pfützen sammeln sich zwischen
den Füßen, ein Flüstern in den Rohren

Rost leckt an Tischen und Stühlen –
ihr habt unter Wasser gewohnt.

An guten Tagen ragte die Antenne
über die Algen hinaus, Wimpel

die winzigen Tücher, mit denen ihr aus
dem Fenster winkt, später habt ihr

Bäume erklettert, später noch später
die Straßen der Städte langsam erwandert

Zebrastreifen um Zebrastreifen der Welt –
über Wasser näher geschwommen, von den Dächern

sprangen Sätze, die einen mit dem anderen
verbanden, Haut an Haut, Rücken an Hände.

Jetzt ist jetzt, alles kann sich von innen
erwärmen, Rückruf, dein Ich spricht

mit dem Gesicht der Landschaft, die dich an sich
zieht wie etwas, das immer schon zu dir gehört.

Kaleidoskop

Betrachte eine
        Flocke Mais
Papier lausche
dem Geflecht
        der Stimmen
an und abschwellende Geschichten
        ohne Anfang und Punkt
Punkt Komma
        Stich
in die Hände du malst
die Häuser
        mit Gesichtern
hebe
auf
was in der Wirbelsäule wohnt
Großmutter Vater zur
        Mitte im Stiegenhaus
in Koffern
        das Schreien eines Jungen
was die Farne davon wissen
von
Glassplittern
        du fragst dich
wann sie endet
die Bewegung deiner Hände
in einem Maisfeld

Lichtung

Gibt es keine Hinweisschilder?
Was unter dem Laub liegt oder
im Wasserwerk wohnt, musst du
selbst herausfinden. Wer hat die
Birkenstämme weiß gestrichen,
die Leitern aufgestellt?

Die Schutzhütte oder ein jäher
Abfall, wenn du jemanden schreien
hörst. Wer hat das Wasser gekauft,
die Lungen verpachtet? Das tief
geschnittene Tal eingekerbt? Du
fragst bis an den Grund.

Dort liegt sie, ungesehen, die seltenste
aller Farben.

Rückblick

Das Haus, eine vernarbte Stelle im
All, ein allseitiger Wunderwürfel,
den man drehen kann, viele Augen
sehen mehr als zwei. Das Haus,

ein verfugter Wundverschluss, eine
Anstalt für das Wechseln von Aggregat-
zuständen, von Starre zu sprudelndem
Dasein. Beeinflusst ihr die Strömung

anderer Flüsse, Rotbach, Dreisam,
Kinzig? Winzige Sickerbäche, breite
Rheinarme, Sonnen- oder Mondkraft
im Reservetank.

Seid ihr Frühblüher oder Spätzieher,
verweilt ihr im Reich der Häher, der
Wasserspäher, seht ihr schwarz-weiß?
Seid ihr allein oder viele?

Fliegt ihr über die Felder, werdet ihr
älter, was habt Ihr erfahren über Wärme
und Kälte? Jetzt seid ihr anwesend die Abwesenden,
schließt sich die Wunde über der Haut.

Drhom

1
Dein Körper spricht
wann fängt es an
ist dir noch kalt?

:
hört mich jemand
spricht durch die Drähte
hindurch wem gehört die Wäsche

Espen voller Zimmer
du zitterst in der Schrift
meine deine Sätze

ein Körper liegt
bis er kalt wird

dann geht er los

2
was du meinst wenn du sagst
drhom ein Zuhause das sich

täglich weiter verrückt näher
kommt mir das Gehen an

der Donau entlang drhom immer
aufwärts zum Grund und

lerntest nie richtig schreiben aber
konntest Kekse Kartoffeln Paprika

rötlich leuchtende Tomaten
die Sonne geht in deinem

Augenwinkel auf Kloanes
ma Kloanes gib mir die die (Lampe?)
weiter stell sie in alle Ecken

3
auf und davon
konnte keiner leben
immer feste lernen
sagst du damit du
etwas wirschd

nicht verschwindest
und wiederkommst
das fremde Kind und

du. gibt es eine Reihe
verflochten der Atem
die Venen höre ich
die Ahnen jetzt

lachen wieder
kehrende Muster
du willst sie ganz
immer durch
leuchten

4

du. und du.
dazwischen das Kind
das die Welt über
die Angeln hebt
allein

in Begleitung
einer Katze stemmt
sie ein Haus

du. und du. jetzt seid
ihr am Anfang
des Sprechens
Mutter und Tochter
niemand

wird euch
etwas tun
da ist nicht
    die
Nacht nicht
    da ist
Licht

5

immer feste lernen
die Schrift lesen
auf Festen backen
für die reichen Leute
Torten verfassen
damit du später

Bücher essen kannst
Häuser alles was du
willst ganze Länder
in Sahnestrudel
wälzen heraus
kommen
ganz neu

immer feste lernen
einen Beruf anfassen
wie ein Gesicht
das man nicht vergisst

6
zeig mir das Bild
das du gemalt hast
am Telefon

feste lernen
nichts Schweres tragen
bis der Rücken
zur Schule wird

schön ist das Bild
du brauchst es nicht schicken
ich kann es durchs Telefon
kann es
überall sehen:

Jetzt

Sieh dahin wo es schmerzt
blüht ein Baum am Straßenrand jetzt
willst du etwas retten jetzt
ist es schon zu spät

du kannst nicht in der Zeit verreisen jetzt
hebt die Zeit sich in den Zeilen auf jetzt
gehst du in die Scheune wo ein Mädchen

brüllt jetzt kannst du diesen Jungen halten
das nach seiner Mutter ruft jetzt
hältst du Züge an tastest dich durchs Dunkel

jetzt kannst du ein Gesicht berühren
siehst deine Mutter hier als junge Frau
ein Flüchtlingshaus der Garten voller Wicken
du stehst daneben fasst sie bei der Hand

jetzt fliegt ein Reiher auf bist du ein Kind
sitzt auf der Rückbank eines Autos
die Kreuzung ist das Ende deiner Welt

dahinter wächst die Stadt
sind die Geschichten. So hoch wie alle
Mauersegler fliegen jetzt: Licht

auf allen Autobahnen. die Nacht versteckt
die Farngehäuse. Licht. Jetzt. Rauscht der Reiher
mit den Flügeln

Gravur

Mit frischem Schnee gefüllte Traktorspuren,
eine verschlungene Schrift, die mehr verhüllt

als zu zeigen. Holzwürmer, die sich durch alte
Tischplatten fressen, die Bauzeichnung einer

ägyptischen Pyramide. Es kommt dir komisch vor,
wenn die Großen ihre Sprache wechseln, um auf Englisch

Intimes zu regeln, als stünden sie auf einer anderen
Ebene als du. Ein böhmisches Dorf, das Zuhause,

in dem du nicht heimisch wirst, vielleicht,
weil verlassene Orte euch hinterherziehen.

Weder verstehst du das Kind in den Eltern,
noch verstehen die anderen Kinder dich. Die Zukunft

ist später, beruflich denkst du an Cowboy oder
Schlangenbeschwörerin. Schwierig als Mädchen,

sagt Vater, ein Cowboy zu werden. Pharaonin
könnte auch etwas sein, Astronautin oder Asteroid.

Dann wärst du unbarmherzig und schnell
und nicht wie der Schnee, dein Verwandter,

der lautlos erscheint und leise verschwindet.
Er deckt alles zu, verbirgt voller Umsicht

das Buch der verschwundenen Dörfer.
Und Du?

Wandlung

Die Steinfrau gebiert ein Kind, gebiert einen
Bernstein, einen Opal, einen Aquamarin,

gebiert dich. Du bist dreitausend Meilen zu Fuß
gegangen, um an der Küste ein Fluss zu werden.

Die blauen Berge reisen zur See, werden zur
Küste, gehen auf Grund. Du bist auf den kalten

Berg gezogen, um in deinen Gedanken zu brennen
wie ein Dornbusch, eine flackernde Fabrik.

Als Kissen hast du einen Stein unterm Genick,
das Gras reicht als Matratze. Die Risse, das Riff,

blind siehst du ihnen zu, wie sie Sand werden.
Sand sind wie du.

Am Anfang

So war das: Du öffnetest den Mund,
tatest den ersten Schrei. Jemand
wickelte dich, legte dich in einen Kasten.

Du warst gewohnt, einen Herzschlag
zu hören, warst gepolt auf Wärme,
den Klang einer Stimme. Noch heute

kann dich die Angst überfallen, dass
alle auf einmal verschwunden sind,
dass du eine Täuschung bist oder ein
seltsamer Traum.

Wabenwunsch

Ciel

Ist das der Himmel oder sind das
die Wellen, fädiges Flimmern, die
Gischt, die dich an Land bringt,
birgt dich eine Höhlung oder holt
dich ein loses Flattern?

Ist es ein Gewebe, eine bewegte
Ebene aus Wasser und Licht oder
atmende Härchen, durch die etwas
strömt von Zelle zu Zelle. Ist es
dein Erleben oder das Sehen von
dir Selbst mit inneren Augen?

Dringen diese Poren in offene
Wunden, durchsiebt dich durch
die Ohren ein Sirren von Verlorenem?
Ist das Jetzt jetzt?

Nach einer Arbeit von Georgia Russell

Wabenwunsch

Ist der Raum in dem wir sitzen, ein erzählter Raum
sind wir wirklich gewesen zwischen Teppichfransen
und der Frage wer du bist, wer ich nicht war
ist eine Puppe die spricht verzaubert worden
dieses unsichere Gesicht, ein Alptraum der dich
seit der Kindheit beschleicht um sich endlich
aufzulösen, wenn du Königin bist in einem Reich
zwischen Hiersein und Weitsicht einem weich
gewordenen Innenraum, dessen Kanten ab
geschliffen sind von der Zeit. Drei sprechen, zwei
gehen, vier bleiben, zwei stehen. Wer bist du, alle
und keine? Sinkflug und Kegel, Wachs, gebrochene
Regel, Seglerin, nichts davon. Diese Stille, der Blick,
wenn zwei sich zueinander schweigen.

Märchen

Blut, das austritt nach einem Schnitt,
dein Mantel, wenn du König spielst
obwohl du ein Mädchen bist, lenkst
du eine Expedition über den Äquator

Läuse quetschen bis sie Farbe geben,
wie der Löwenzahn Milch gibt, die du
nicht trinken darfst. Wer aus mir trinkt
wird ein Reh, wer aus mir trinkt wird

ein See, eine alte Spule in einem Schrank.
Zack Bumm, jede Explosion frisst Familien
bis sie Asche werden, um die Ecke ist ein
Haus abgebrannt. Grundmauern sichern

kein Kind, weißt du. Aber was kannst du
machen, dass Geschwister unverletzbar sind?

Wieviele Wörter braucht man für eine Legende?

Wie die Hagebutte am Strauch
ist der Platzregen plötzlicher
Lichteinfall sind die Eltern da
aus dem Nichts gekommen und
immer so alt wie jetzt

Stück für Stück legt sich
das Skelett im Boden frei
Knochen Gesichter der Abdruck
eines Körpers je älter du wirst
desto tiefer kannst du
das Zimmer betreten

jetzt ist unser *Haus wie ein Hemd*
gewendet das Licht lässt sich
erkennen Körnchen um Körnchen
legst du mit Reis ein Orakel
verbinde die Punkte die Küche das Bad
rasch die Zimmer sind schon
mit den Buchen verwachsen

Ein Ort an dem es nicht zieht

Sag mir, wo ist *ein Ort an dem*
es nicht zieht? Zieht es dich
nicht immer dorthin wo du
nicht ankommst? Auf dem Friedhof
kann es nicht sein, zu Land,
zu Wasser, rede nicht immer

von Gräbern, Friedhöfe mag ich
nicht. Früher ging ich auf ihnen
spazieren, doch jetzt, da du auf
einem liegst, bist du an keinem
zu treffen. Wo ist draußen? Da,
wo jemand antwortet? Die Krähen,

in ein Gekrächz vertieft, dessen
Heftigkeit dich mitnimmt. Trauern
sie um jemanden, der überfahren
wurde? Kracht jeder Satz aus
einander oder fliegen die Worte

einander zu, kannst du etwas
dorthin tragen? Sag mir, wo ist
ein Ort, an den es dich zieht?

Erkundigung

Was ist am Rand
des Zimmers? Kann
ich näher kommen
oder faltet sich der
Raum auf, um mich
zu verschlingen?

Ein Lichtkorn im
Mahlwerk dieser Stadt
erscheinst du, um
zu verschwinden, wie
klingt das Klatschen
einer Hand?

Ist dies eine
Überquerung?
Wirst du eine andere
sein, dein Schatten
dich wieder
erkennen?

Eine Geste der Anwesenheit: Tritte im Schlamm
ein Tropfen Tau an einem Zweig der flirrende
Schwarm Meisen ich der Weinstock ihr die Reben
ich der Luftzug ihr die Wurzeln das Flugzeug zieht
einen fast perfekten Kreis ich der Schatten du die Pfütze
vielarmig dieser Morgen die Anwesenheit: eine Geste
der Hagebutten

Atem & Amsel

Dein Atem die Schritte die Amsel
dreizehn Arten jemanden zu
betrachten Worte zu zerlegen
bis sie aufflattern vom Fuß

zum Flug nicht weit entfernt
das Singen der Drähte du lauschst
dem Telefon das weiter zählt
es hebt sich der Taktstock die Feder

fällt oder wie alles anfängt
und aufhört zugleich

Für Jürgen Nendza

Flusskurve

Dieser Tag bringt
dich hinein in die Unruhe
der Dinge am diesseitigen
Ufer gehst du lebendig wie die
zitternden Zweige Fahrtenschreiber
die dich notieren alle Steine
sind in Bewegung bis sie
den Grund erreichen

The river is flowing

In diesen blauen Räumen
wohnt Stille. Wohnt in der
Rille zwischen den Dielen
ein Geist. Er könnte verwandt
sein, ein Teil deiner Eltern
oder einfach besessen. Die
Dinge, die Menschen, sie können
verschwinden.

Die Stille ist blau, du hast sie
vergessen. Der Geist ist immer
noch hier. Die Mutter ruft euch
am Abend zum Essen, ihr Singen
beim Kochen ist immer noch
hier. Ist weiter gegangen in
andere Zimmer, du hast auch
die Ohren verwandelt. Wo hörst
du das Klappern der Teller, wo
stehen deine Füße auf
welcher Schwelle?
In diesen blauen Räumen
wohnt Stille.

Farnvorhang

Ahorn der Gesang der Treppen
die Zimmer des Hauses
in denen du dem Wachsen
des Efeus lauschst

Blicke können dich packen
dir zwischen die Rippen
fahren sind immer zu groß
für das Kind vor dem Spiegel

Farnvorhang die Bühne
öffnet sich für eine Frau
die deinen Arm um die Schultern legt
sie spricht zu dir

spricht immer noch
in dem Zimmer

Elle, Vermessung

Eine Stunde ist eine Runde
ums Haus oder dauert die
Umrundung ein Leben lang?

Eine Dauer ist eine blaue
Strecke, die du überspringen
kannst, um ins Gestern

zu gehen. Gestern gibt es nicht,
das ist nur ein seltsames Tier,
das mir und dir davonläuft.

Komisch ist, wenn du weinst
und gleichzeitig lachst, April-
körper mit Hagelscherz. Du siehst

dich älter und jünger werden,
willst alles aufheben, das du
liebst. Liebe, das ist die Rückseite,

die Innenseite des Hauses. Ist
eine Stunde. Dieses Blau ist
anfangen. Anfangen ist der erste

Stift, das A. Öffne den Mund.

Farn

Ein Ort der aus Zuhören wächst
aus Farn den ausgerollten Nächten
in denen du wach liegst
deiner Schwester Geschichten erzählst
mit offenem Ausgang

Blatt um Blatt führen sich
die Tage fort füllen sich die
Seitenarme mit Figuren
Natternzunge du spulst etwas aus
das in der Mundhöhle schläft

zwischen den Blättern sitzt du
spiralige Formen die im All
wiederkehren zischt es
in den Ohren Sporen
kleben an deinen Füßen

unsichtbar willst du sein
hilft ein Gebräu aus Farnsamen
gegen Schatten die nachts
dein Bett umstellen

noch ist die Ahnenreihe
nicht sichtbar aber du weißt
du weißt: Windung um Windung
kommst du empor lernst du
zu sehen

hörst du wie die Planeten sich drehen
im Takt wächst Farnkraut im Takt
wächst ein Apfel enthüllt dir die Welt
auf einem Teller

Treppenhaus

Gesprenkelter Stein, seine Flecken
auf denen du stehen bleibst, wenn
niemand nach dir ruft. Staubblumen

auf den Stufen, merkwürdige Wesen,
die dir vertraut erscheinen, wie sie
in der Stille überwintern. Jede

Geschichte schläft ihr Ende, wie das
Geländer endet, wenn du oben an-
kommst am Absatz, der Vorratskammer,

dem Flur, der dich in die Küche
bringt. Für dich fängt alles erst an,
wenn es heißt *und sie lebten noch*
glücklich und zufrieden für lange Zeit.

Glory Box

Gib dir selbst den Grund, eine
Frau zu sein, *little Meermaid*,
vielartig ist deine Liebe, bevor
du einen Ausweis bekommst,
in die Welt der Erwachsenen
eintrittst, das Haus unter
Wasser verlassen musst. Hier,

wo die Küste abflacht, die Wellen
mit einem Kräuseln gegen die
Felsen züngeln, hier steigst du
aus dem Wasser. Ohne Adresse,
mit Wachsarmen, mit Achtung
vor den Anderen, die du nicht
kennst. Vielartig ist deine Liebe,

gilt Wieseln, Nieselregen, einer
verkrüppelten Birke im Park,
erwidert von Siamkatzen,
Libellenzirkeln, den rissigen Flügeln
eines Nachtfalters, der neben dir
auf der Tischplatte sitzt.

Langsam tastest du dich vor
bis zu den Menschen, den
Stimmen, einem arglosen Ohr.
Deine Ode an die Sträucher ist
verklungen, der Weißdorn hat
Antwort gegeben. Jetzt, rasch,
wiederhole die Strophe, aber
so, dass der Andere sie hört.

Mani, kurz nach vier

Du bist dir voraus gegangen in der knisternden Hitze
dieses Nachmittags hast dir vorgenommen dich nicht
zuzudecken aber es ist schwer nicht wahr du willst sein wie
die Katze auf dem Autodach der Gecko an der Wand den Hügel
hinauf um zu sehen was sich verbirgt hinter Dornengebüsch
und Olivenbäumen Licht das in die Kapelle fällt wo zwei Alte
Staub saugen der Wind einen Augenblick still ist du kannst sie
spüren die Wachheit der Dinge für sich selbst

Wuchs

Täglich steht mir bevor dich
sterben zu lassen, damit wie die Schlüsselblumen
am Bach

etwas wächst, das meine –
wie heißt es –
Zuversicht ist. Aufsicht, Aufblick, besser

ein Schauen auf das, was noch nicht ist. Ruhelos
wächst Wutkraut, wächst die Verzweiflungseibe
weiter, darunter, noch zart, das flirrende

Silbermoos. Hierin können wir liegen, kühlgrünes
Licht trinken und wissen: es gibt diese Orte
an denen du ich bist und wir alle Sinne.

Es gibt diese Orte, die nicht verzeichnet sind,
die minutenlang schimmern. Es gibt diese Orte,
Wohnstätten für Wesen aller Art, wir vergessen sie nie.

Zauderfell

Anweisungen

Verrate den Liguster
sei eine Untertanin der letzten Ulmen
gib den Ampeln Anweisungen
spekuliere darüber welche Welt
hinter der Welt wohnt
lege eine Enzyklopädie an
wenn deine Pupille sich öffnet
entwirre Glaubenssätze wie
störrischen Ginster bis alles dahinter
zu leuchten beginnt
werde den Äschen ähnlich
lass uns ein Flussbogen werden
oder die Markierung
für eine Flut

Und die Luft?

Komm näher wenn der Koffer
sich zugeklappt hat wenn die
Geschichten sich verwandeln
in den tieferen Schichten

geteilte Luft die wir atmen
wuchs eine Pappel vor dem
Fenster oder war mein Blick
so schnell dass die Äste

bereits das Dach überwuchern
habe ich mich weggedreht oder
kehrst du mir nach Jahren im
Traum den Rücken zu? Alles

ist gespeichert in den Zellen
dem Luxherz dem Ort mit der
größtmöglichen Schwingung
die Stühle sind längst überwachsen

aber alles kämpft sich nach Jahren
den Weg frei um neu betrachtet
zu werden. Und die Luft? Atmest
du noch? Sprichst du manchmal mit

einer die aussieht wie ich? Sind die
Gestalten verbunden im Immer. Das
jetzt ist?

Nebeneinander gehen

Die Bewegung des Gehens
der Versuch das Gehen zu beschreiben

gehen wir weiter während
die Stadt sich versetzt

während Kräne in die Luft wachsen
wie Schachtelhalme zurück in die Urzeit

geht dieses Gehen neben uns? Liegen
wir. Und die Luft? Ist sie Hülle oder

spannt sie uns auf?

Augenblick

Aus welchem Grund kommst du
wurzellos hierher? Wieviele
Buchstaben hat das Alphabet
der Wahrnehmung? Fliegen die
Zugvögel immer in gleichen
Gruppen? Bist du wenn du aus
der Küche zurückkommst immer
noch der Selbe? Erkenne ich dich
nicht wieder oder habe ich mich
so sehr verändert während der
Kaffee durchgelaufen ist?

Noschlupfe

Am Anmährhaken: die grüne See,
die dich aufnimmt, ansieht so wie
die Distel dein Wachsen bewacht hat.

Verzell mir nix, du gehst mir bis zur Elle,
einflügeliges Wesen mit Menschenaugen
die durch schwarzes Dickicht blicken.

Tannenspitzen ritzen diese Herzkurve,
fährst du mit einem Floß über die Matten,
liegt deine Angst nackt da, ein aus dem Nest

gefallenes Amseljunges. Am Anmährhaken
eine Mär und zwei Fragen: *isch dort dunne*
dine Heimat? Am Fuß des Höllentals, wo du dich

den Dämonen stellst, im Lichtgestöber stehen
willst, wo Bewusstheit, ein Tier mit heller Haut,
im Unterholz wildern soll?

Am Anmährhaken, lang währendes Warten
auf die Sonne bis sie wieder über den Berg
kommt. Wiedergängerin, die das Feld kämmt,

Blätter flämmt. Stämme, die früher als Masten
zum Meer fuhren. Hier kannst du Rast machen,
dir ein weißes Kreuz in die Karte zeichnen:

Sie befinden sich hier, Quadrat M, Zahl Vier,
morgen rückt es näher ans Hier: Schattenriss
und Flickwerk, diese irrige Stille.

Für José Oliver

Richtfest

Grießkörner in den Gesichtern der Passagiere, hinter den Scheiben der S-Bahn fliegen die Häuser, sind Nachtlichter, sind ein Schiff auf hoher See.

Brechen die Zellen, dein osmotischer Körper braucht eine Rinde, braucht ein Gewinde aus Licht. Dein Körper, das sind diese langsamen tastenden Töne auf einem Klavier, das in der Luft hängt. Schwarz und Weiß, dein Körper braucht eine Verankerung, braucht einen Ort der Wiederkehr und immer das Ufer, ein Du.

Sprich mit deinem früheren Ich, es wird klein sein, in eine Teetasse passen, dir vielleicht nicht glauben. Misstrauisch wie es seine Art ist, hat es gelernt sich zu verschließen.

Du spürst eine Lähmung im linken Arm, dann läuft dir ein Ameisenkörper davon, rinnt zwischen Fingern, Erinnerungen entlang. Ein Bau aus Gedanken, errichte ihn täglich neu. Babel, so viele Bewohner, ein jeder davon bist du. Geländer brechen und wachsen, du musst das Tor öffnen, das Innere bewohnen zuletzt.

Auf dem First die Tanne, Richtfest, du hast dich errichtet. All deine Schichten von Ichs, darin ein Selbst, das ungeformt reist. Dir bleibt die Berührung der Dinge, läuft in dir zusammen, rieselt hinein. Am Grund ein letzter Rest Brunnen, im Inneren der Hand.

Jenseits von Edenkoben

Jenseits, das sind die Flugzeuge über unseren Köpfen, sind Schaltzentralen für Drohnen, was du nicht wahrhaben willst. Sind diese Flugzeuge, die einen Kreis aus dem Himmel schneiden, sind die Reben im Februar Skelette, die sich zur Nebelwolke drehen.

Jenseits, das ist die Angst vor der Stille nachts, wenn die Ahnen nicht schlafen können und du einen Kater als Schutzgeist benötigst. Katzenminze und Zypressen, der Süden beginnt im schattigen Hof, wo sich blau deine Atemzüge entfalten, die Adern Geäst.

Jenseits, das sind die lärmenden Gesänge aus dem Festzelt, sind versteckte Gänge, die aus dem Labyrinth führen. Jedes Dorf ist dein eigenes. Die Magnolie, wie sie sich verschwendet, wie sie nur für dich Blüte um Blüte entzündet, ein Wunder, dass sie weiterleben kann.

Wie du an einem klarhellen Morgen hinausgehst, um dich den Farben zu nähern wie ein Tier, das im Walddunkel wohnt oder im Inneren einer Rechenmaschine. Jenseits, das sind weiße Burgen, Militärbasis und diese geschwungenen Hügel, die in Bewegung sind. Sie schieben die Bäume näher ans Haus, drei Steinstufen, die für die drei Jahreszeiten stehen: Kälte, Mandelzeit und Kastanienreife. Die vierte erfüllt sich auf dem Papier, in einem Brief in den Osten, hier.

Für Tom Schulz

Schlusskonferenz

Über den Kampf hineinfinden
in die Zukunft oder dein eigenes
System, das du noch immer
nicht durchschaut hast. Du bist
deine Abwehr oder schlägst
als Linksaußen Flanke um Flanke
ins Nichts, weil die Spitze weg
gebrochen ist.

Ist jemand aus der Puste
geraten, steht am Spielfeldrand,
ringt die Hände, fragt laut: Wo
beginnt das Spiel, wie beschreibst
du die Kurve dieser seltsamen
fliegenden Kugel im All? Abpfiff.
Dunkelheit senkt sich über den
Platz. Deine Fußabdrücke im

taunassen Gras, während sich die
Halme langsam wieder aufrichten.

Heidelbeere, Zweifelrede

Wir grüßen das Ortsschild, das Dorf
ist mit einem Kindergarten gewappnet,
die Tage sind ein Zuviel mit Ästen.
Wir haben Angst, wir können uns nicht
auseinandernehmen.

Wir stellen unsere Schulranzen auf, dass
nicht jeder jeden sehen kann: Wir lernen
nicht, eine Kaulquappe zu bergen. Wir haben
niemanden zum Üben gehabt. Wissen alle anderen
Wesen, wie es geht, man selbst zu werden?

Hinter den Alpträumen habe ich gerade noch
gedacht: Miteinander etwas machen, wie heißt
das? Wir lieben Westernfilme, der Hauptdarsteller
ist ein Sturm.

Mit dieser Wischgelegenheit wirst du einen Ausweg finden,
irrlichternd deinem eigenen Sehen begegnen und in diesen
unterirdischen Seen baden, von denen du gehört hast.
Im Gespräch mit den Badezimmerkacheln wird dir manches
klar, abwärts stürzende Vögel, der Zündriss im Deckel,
der auf diesem Topf liegt.

Nie verzweifeln oder lange unentschieden sein.
Dieser Urlaub? Eine Art Traumtal, grüne Hänge,
die sich hinunterstürzen wie ein Wasserfall,
Wolkentragödien, die von unten beleuchtet werden.
Wir hatten manchmal einen Fernseher, jetzt bin ich
ein Schwan, das Gefäß für einen Umwürfelordner.
Oder ich suche nach etwas, dass keinen Boden hat
und trotzdem trägt.

Schmerz und Euphorie, was war das letztes Mal?
Manchmal will ich einfach mit Allem flattern.
Wenn nichts gelingt, die Antwort ausbleibt, du dich unter
Brombeerranken begeben willst, wähle den Wolkenshop an.
Treidelseele, Streichelgräte – du brauchst ein Gerippe.
Ich meine, noch ein zweites Paar Schritte zu hören.
Ich meine, eher leise, natürlich.

So war ich bestens vorbereitet, doch egal was kam, Mutter
bekam einen Brief vom Friedhof. Der Friedhof mit einem Hügelkern,
wie er mich schauern lässt und sich in die weiche Erde eingräbt.
Wir müssen jetzt drum herum, es gibt nur ein einziges gemähtes
Rasenstück. Das sollte der Ort sein, an dem es nicht uferlos wird.
Aber kann man nicht durch die Welt gehen und lachen? Blau ist der
Unterschied, vermeide schlaffe Körper oder eine angelaufene Hand.

Du brauchst einen Mantelbogen, überall wässrige Flächen,
der Schnee, ein Übriges, von der Schulter. Erster Himmel,
zweiter, dritter Himmel, siebter, mit jedem Sturz
verwandelst du dich weiter. Glänzende Gegenden, die am Ende
gegen etwas laufen, dort, wo wir herkommen, aus dem All.
Flocken zittern, Neues greifen und weiterspinnen durch die,
siehst du die Seite? Müde Wasserzungen, jetzt kannst du daran
teilnehmen in den Tiefen.

Als wir groß waren, ist später jemand gestorben. Ich habe einen Papperlapapp verschluckt, denn sowohl Alte sterben, als auch Junge. Du hattest mir das einmal in einem Buch gezeigt, auf eine panische Art. Ich hatte überhaupt noch nichts von Friedhöfen gehört. Es tropft auf die Grabplatte, Vater und ich gehen in einem Western spazieren. Für die Unterwelt gibt es blutstillende Heilpflanzen, zu einer Fee möchte ich gehen und mir eine Salbe brauen lassen. Mit dem Schmerz fährt man Protokoll, Gefährten und Hilfsquellen bringen einen aufs bessere Hölzchen. Weil es ums Bellen geht, ums Beten. In siedenden Städten rufst du nach dem Geist der alten Freundin – das ist das Besondere an einer Freundschaft, dass sie alles übersteht.

Bottiche, Spezialbürsten und ein Servierwagen. Forelle sein
für dich und überhaupt, weißt du noch, was es für Tauben gab,
die in den Mandellauben brüteten? Obwohl, ich war im Parkhotel
in der Nachbarstadt mit denen, die jeden Tag beschriften.
Wir übten den Weitwinkelblick und standen oben in der Regenhaut.
Eingefädelt, singend, die Farben. Wir schrubbten und schrubbten,
bis das, was dahinter liegt, sichtbar wurde. Ein Unterfangen
wie ein Untergang, unterwegs sehen wir, blind, das Leise.

Das Mealticket ist abgelaufen, eine Gabel
liegt noch im Schlamm. Wird ein Automobil
abgefüllt, läuft eine rote Spur aus dem Tank?
Möglichkeiten des Myzels, du sprichst gerne
unterirdisch, ob das je aufhört? Maulwürfe
äußern sich hier, verborgen und schlicht.
Alle persönlich anschreiben, die nicht da waren.
Unter den Bäumen, unter den Bäumen. Vergiss
nicht, dass du über die Milchstraße zurück musst.

Lauf schneller bevor dich der Jäger packt in ein Paket
aus grünem Draht und dich unter einem Zaun durchschiebt
dorthin wo alle Tierkadaver liegen Organ öffne dich kann der Hirsch
in deinem Magen sprechen kannst du selbst zu einem Hirsch werden
der stirbt stiebt der Schnee so hoch dass er dich verbirgt verbiegen
dich all diese Vorschriften und Regeln oder kannst du darunter hindurch
schlüpfen bevor jedes Verbot dich kleiner macht als eine Raupe?
Auf jedem Spielzeug steht *made in China* daher weißt du dass die Welt
groß ist dass es ihr Los ist immerzu Dinge zu machen die jemand
kaufen muss Sachen & Sachen habe ich mitgebracht
sagt die Großmutter die dir kleine Hotelbutter mitbringt
weil du alle kleinen Dinge magst hinter jeder Butter steht eine Milch
und hinter jeder Mich eine Kuh und hinter jeder Kuh die Urkuh
aus der der alle Kühe kommen Unsinn sagt deine Lehrerin
jeder und alles kommt aus der Universalfabrik in der eure Eltern
arbeiten sie heißt *U & U* wisst ihr das nicht? Am Ende wird dort
aus den Knochen eurer toten Eltern Dämmmaterial gemacht
in der Dämmerung wenn ihr nicht mehr genau sehen könnt
die Worte meiner Lehrerin sind wie Feuer und wir sind nur zwei
deren Eltern nicht in der Fabrik arbeiten deswegen reisen wir nie
und wir bringen zum Schulanfang Postkarten aus der Nachbarstadt mit

Blaufeld

Antarktika

Die rasselnde Kette eines Raupenschleppers
kommt vom Geräusch, das die Berge machen,

wenn sie sich verschieben, das Klappern der
Klarinette, der Schlange, die Tastatur deines

Laptops. Das Rauschen des Rotbachs hat dein
Blut besungen, dass es zäh werde, die Rinde

einer Birke weiß etwas über die Beschaffenheit
der Geister in deinem Kühlschrank. Wie kalt sind die

Zungen in Antarktika, wohin ich immer mit dir
reisen wollte, um das letzte Eis zu sehen, die

Reste von Göttern in Robbenfell, Silberzimmer,
die kein Navigationsgerät findet. Die Silben ver-

schlucken uns wie winzige blinde Krebse, die
ewig am Grund einer Grotte leben. Bis der erste

Lichtstrahl trifft und wir uns sehen können:
ein Gebilde aus Kalk und singender Milch.

Was gab es?

Es gab keine Kindheit, nur Krähen, kämmbare Plastikwesen und
Elektrozäune, hinter denen Kühe Gras malmten, ihre freundlichen
Augen von Fliegen umsäumt, dieses hektische Gewimmel, das du
im Augenwinkel gespürt hast. Es gab keine Krähen, nur Kellerasseln,
ihr hektisches Huschen, wenn du eine Steinplatte gehoben hast,
darunter ein dunkler Fleck. So würden später Stellen an der Wand
aussehen, nur heller, wenn du Möbel verschieben würdest vor dem
Auszug. Noch waren die Räume von Großen gemacht, enthielten
Zimmer aus einer Zeit, in der du noch im Universum triebst,
eine Spirale von Molekülen, die sich zusammenfand.

Es gab keine hellen und dunklen Flecken, nur Wegwarten
am Straßenrand, überfahrene Tiere, unkenntliche Körper.
Silberdistel, Kamille und Wiesenschaumkraut, diese wilde Mischung
aus Frauenmantel, Wegerich und Klee, Nahrung für die Zellen,
die deinen Körper bilden, der jetzt schwach in Wartezimmern sitzt.
Es gab keinen Klee, nur Wellen im hohen Gras, wenn der Wind
die Halme bog, die Heu wurden, im Magen der Kühe siebenfach
ein Brei, der zurück auf die Wiese fiel.

Es gab keine Kühe im Winter, nur die Finsternis im Stall, Enge
und die Frage, wie man ohne Licht leben kann, während du dich
hinausschleichst. Die Stimme des Bauern hat die Kraft, Steine
zum Bersten zu bringen und deine Knochen zum Knacken.

Es gab keine Steine, nur die Stille, in der, wie die Flocken hinauf und
hinunterwirbeln, alles auftaucht und wieder verschwindet.
Aus dem Brackwasser die Quelle, aus dem Getöse einer Baustelle
der Gesang eines Rotkehlchens, das nicht gegen die Autoscheibe schlägt,
das Rufen eines Jungen, der nicht auf die Straße läuft. Dein Lachen,
das nicht verstummt, bevor deine Hand den letzten Brief schreibt.

Es gab, es gibt die Krankenhäuser, überfüllte Stationen, Staub, der ganze Städte begräbt und diese Träume, aus denen du hochfährst, wie früher, bevor du wusstest was es hier gibt. Nichts kann dir Augen und Ohren verschließen, du musst sie öffnen und sehen, aufstehen und hinausgehen. Wirst du, kannst du es tun?

Zauderfell

Dir wächst das Zauderfell, es wächst und du
erkennst sehr schnell, dass es dich überwächst,
dass es beständig weiter wächst, elend, wenn es
dich zudeckt, du nicht mehr weiterkommst,
kommt es aus dem Kopf? Es gibt keinen Ort, an dem
Wehen wachsen, Schnee sich verdichtet zu
Lawinen Gebilden außer im Kopf. Dir wächst das
Zauderfell, binde den Geist an den Zaunpfahl wie
ein Pferd, trample dir Pfade frei, Seitenäste Fingerwege
zum Stromern fellig im Mund fehlt Spucke zum Sprechen,
aber sag.

Gesundung

Ist der Wundfirst überwunden, wächst
das Gewebe wieder, Zellbelebung
atmet der Zellkern auf, bewegt sich
die Leber kaum sichtbar schwemmt
aus, was nicht gebraucht wird, lauf
nicht weg, ist der Wundfirst überwunden
geht es aufwärts nur aufwärts in das
jüngere Tal, wo das Immerkraut wächst
bei der Wetterkastanie beim Wunderahorn.

Genesen

Unter dem Wundfirst lauert das Verbundene.
Notdürftig bandagiert Stunden um Stunden
das Weben von neuem Gewebe, es rieseln
Tropfen von Licht in die Zellen wie winzige
Kiesel. Unter dem Wundfirst vernarbt es, Grate
und Wulste, Warten bis Heilung wächst wie
ein schönes seltenes Moos. Hinab, ins Kiesbett
rinnt diese Tinktur aus Augentrost, Stille und nur.

Lösen

Trauer, die aus Büscheln spricht,
verwachsene Krustgewächse,
die sich nächtlich lösen, es fließen
wie Bröckchen von der Böschung rollen
die. Schwer wie Schlick, in dem du
stehst, das Strickgewand, worin du
steckst, ist eng, es löst sich
nicht. Brich auf Eisenband, sprich
schlafende Lektion, die du Jahre
lang eingerollt geschwiegen hast,
Trauer, die aus Büschen bricht wie
Licht, das dir die Füße leckt.

Blaufeld

Blaufeld, die Trauer, seit Jahren fällt sie dich an, ihre
Klauen in dich zu graben, streicht wie ein Zweig mit
nassen Ästen in dein Gesicht, fährt in dein Reden, ist
ständig da wenn du wach liegst. Kannst du ihre Sprache
verstehen? Weißt wessen Schwester sie ist? Blaufeld,
in das du gehst um zu lernen, was im Inneren der Ähren
entsteht. Blaufeld, in das du gehst um zu lernen, wie
weinen geht. Farben, all das Sehen was du verlernt
hast und was wieder geschieht, wenn du jung wirst.
Blaufeld, wie Wasser den Kiesel geformt hat.

Alemannische Mangos

Wenn die Zweige zum Boden geneigt sind kannst du
auf den Baum klettern immer weiter so wie man
die Leiter wegwirft auf der man steht wenn du hinsiehst
sind die klein geschrumpften Brombeeren aus diesem Jahr
alemannische Mangos die immer noch süß schmecken
wenn du still bist hörst du wie das Blut in den Bahnen wandert
wie es Geschichten erzählt aus Jahren als du mit Bussarden
geflogen bist wenn wir still sind hören wir unter der gefrorenen Erde
Verbindungen wachsen von Buchezu Buche sehen Wunden
nicht heilen aber vernarben wenn wir weitergehen sind
die toten Hummeln wieder lebendig gibt es noch Lichtungen
auf denen Wegerich wächst um ihn auf Schnitte zu legen
wenn wir die Gesichter einander zuwenden aus dem Inneren
der Rinde dieser feine ins Überall reichende Gesang wächst
sehen wir dass die Brombeeren aus diesem Jahr wieder reif sind
dass alemannische Mangos einen Kern aus Licht haben dass wir
wenn wir zusammen gehen nicht verschwunden sind

Innerraum

Der Abhang, auf dem du hinunterrutschst, bis du endlich
springst und lebendige Linien findest, was du Grenze nennst,
gibt es nicht, dieses Ich ein Flirren, eine wendige Ebene
voller schimmernder Ähren, vielfarbiger Gestalten, von nichts
verwaltet aber bewegt vom Hier- und Fortgehen, von Atem
und Abstand. Hinein. In das pulsierende Unten und Oben
in dem etwas überdauert, älter als Ahnen, als Adressen,
als deine alarmbereiten Adern und die Angst, du oder
die Anderen wären nun nicht mehr fassbar.
Der Farn ragt über deine Arme, der Flieder. Über dir
der Milan wieder und wieder, damit du dich erinnerst.

Torf

Das Haus sieht wie eine Anweisung mit Rhythmus aus,
fünf bis sechs Takte, die auf jeden Fall dabei sein sollten.
Wir haben Blaubeeren gegessen von verwilderten Gräbern
und stets habe ich mich gefragt, ob du wiederkommen wirst.
Die Treidelseele, die Zweifelrede, hier sind wir, aufgetaucht
in die Beerensträucher, die nur dort wachsen, wo Licht ist.
Eine Fragefahrt, dort, wo der Torf voller Trost ist.

Flusswuchs

Wir stehen oben in der Regenhaut, als würde der Regen uns waschen, während wir rennen wächst uns, mit nassen Haaren im Lachen eine neue Haut. Wir folgen dem Flusswuchs so wie er wäre, wenn der Fluss nicht begradigt wäre. Wir können sehen wie er verliefe, wir suchen die Seitenarme. Wir schlafen unter der Eibe, weil wir dort sicher sind, unser Reden reicht bis in andere Galaxien, wir kehren nicht um. Der Regen durchdringt uns und formt uns neu. Wir können ihn trinken. Alle Dinge, die tödlich sind, wären nicht darin enthalten. Wir sehen keine toten Vögel, keine toten Bienen, wir sehen fast nichts mehr, weil der Nebel uns einhüllt. Wir schlafen nicht, weil wir grünes Licht aus den Gräsern erhalten. Wir trinken aus Quellen. Wir wollen in dieser Geschichte bleiben, in der alles Lebendige leben darf. Wir liegen unten bei den Wurzeln und schlafen nicht ein.

Nachwort

Vergiss nicht, dass du über die Milchstraße zurück musst

Der magische Sprachrealismus in den Gedichten von Marie T. Martin

> Das Schreiben macht einen zum Wilden. Man kehrt zu einer Wildheit zurück, die vor dem Leben da war. Und man erkennt sie stets wieder, es ist jene der Wälder, alt wie die Zeit.
> Ein Zustand der Angst vor allem, die sich unterscheidet und doch untrennbar ist vom Leben …
> Man muss stärker sein als man selbst, um mit dem Schreiben anzufangen, man muss stärker sein als das, was man schreibt. Das ist eine merkwürdige Sache, ja … und es ist auch das heftigste Glück. Immer, das glaube ich.
>
> *Marguerite Duras*

H. C. Artmann war es, der vom poetischen Akt als gleichermaßen verbalem und non verbalem Ereignis sprach. Jemand könne auch ein Dichter, eine Dichterin sein, ohne jemals eine einzige Zeile geschrieben zu haben. Wie sehr dies auch zutreffen mag oder nicht, das poetische Verwandeln der Welt in einen anderen Zustand – mittels Sprache, Klang und Musik – begreifen wir als Schönheit.

Eine seltene und gefährliche Schönheit, für die das Gedicht mitunter einen hohen Preis zu zahlen hat. Sei es den der Einsamkeit, der sozialen Unsicherheit und eines Nischendaseins in der Gesellschaft. Demgegenüber steht die Arbeit am Wortwerk, die Arbeit des Dichtens, stehen die einzigartigen Momente einer sprachlichen Verfasstheit und Bewegtheit, die immer wieder das Sagbare ausdeuten, es auf ein anderes, neues Niveau heben. Hierfür gibt es keine Entsprechung. Wer einmal die Flamme in lichterfüllten und ungereimten Nächten berührt hat, wer sich genährt hat von dem angekokelten und leuchtenden Honig, wird nicht davon lassen können. Das Traumbuch einer dunklen Poesie, wie es Wolfgang Hilbig nannte, es lässt uns, nach allen Verirrungen der Postmoderne, für einen (vermeintlich letzten) Augenblick herein. Zitternd und leicht erregt, mit aufgerissenen Augen und geöffnetem Mund blättern wir darin.

Wenn wir heute Gedichte lesen, heißt dies, dass wir nicht sehr viele sind auf diesem Schiff, geschweige denn in jenem Boot. Einer Arche der Poesie? Nehmen wir an, sie existiert. Wie kann man sich diese vorstellen? Wer befindet sich in ihr: der hoch dekorierte Poeta doctus oder poet laureate, ein Hofstaat von Sternsingern und gekränkten Narzissten, ein Haufen Affen und Lakaien?

All dies löst sich vor unseren Augen auf, kommen wir auf den Grund zu sprechen: Zu sprechen auf die Existenz; auf das, worum es eigentlich geht. Die Gründe. Nicht der Nullpunkt (welcher Literaturen auch immer) oder die Fallhöhe (im Verhältnis zu Tradition und Moden) sind damit zuerst gemeint, sondern die Evidenz des menschlichen Ausdrucks: der Stimme, einer Gebärde. Ihr gelingt es, uns vom Wissen über die Dinge, ihrem Wesen *in Versen* zu berichten: Von Nahem und dem Abseitigen nicht *ein* Bild, sondern Bilder zu erschaffen. Bilder vom Erinnern, Bilder vom Erzählen. Bilder von alltäglichen Szenerien, vom Gelingen und den Kämpfen, von den Erschütterungen, den winzigen Toden und der größeren Liebe.

Dass Gedichte immer wieder unser Leben verändert haben, verändern auf eine beglückende Weise – wer würde dies leugnen?

Beglückt. So erging es mir mit den Gedichten von Marie T. Martin, die sie in ihrem Band *Wisperzimmer* (poetenladen, 2012) versammelt hat und den ich staunend las. Dieses Zimmer war luftig, nicht leicht, feenhaft und dann wieder von einer Trauer, die plötzlich einem Lichtblitz wich. Ein Zimmer der Birken und Raben, der Tamarisken und Kleefelder, mit Wolkenhafer und Bäumen aus Helligkeit – gewiss auch Hellsicht:

> Was zwischen den Gräsern verloren ging
> Libellenlieder auf und nieder haben wir uns
> nach der Geburt getroffen selbst das Atmen
> ist zu laut wenn ein Flügel über das Grün geht
> wird es bestimmt ein Verwandter sein …

Etwas kaum für möglich Gehaltenes, konträr zu den inflationären Fach-, Sach,- und Postsprachen, geschah mit diesen Texten: Ihnen gelang der Anschluss an etwas beinah verloren Geglaubtes. Im Bewusstsein der Vergänglichkeit, auch der Vergänglichkeit des

Schönen, entpuppten sich ihre poetischen Gebilde als verletzlich, heilsam und tröstlich. Im Anklang an eine frühe Romantik, die den Anspruch auf ein freies Leben formulierte, der erfüllten Liebe – und die Poesie als eine aufrührerische Haltung verstand. Im *Wisperzimmer* zeigte sich ein anderer Zugang zur Welt, als der über die Flure der Literaturinstitute und Akademien. Hier öffnete sich ein Empfindungsraum für Dinge, lebendige Wesen, Flora und Fauna.

> ... von Starre zu sprudelndem
> Dasein. Beeinflusst ihr die Strömung
> anderer Flüsse, Rotbach, Dreisam,
> Kinzig? Winzige Sickerbäche, breite
> Rheinarme, Sonnen- oder Mondkraft

In *Rückruf*, dem neuen Band von Marie T. Martin, sind die Namen der Flüsse verzeichnet und eingeschrieben, die Namen der Orte, Tiere und Pflanzen. Und es gibt eine zweite Existenz. Den zweiten Atem, die zweite Haut. Wenn der Weg über die Milchstraße zurückführt, muss einem nicht bange sein. Oder wie es in einem anderen Gedicht heißt:

> Erster Himmel,
> zweiter, dritter Himmel, siebter, mit jedem Sturz
> verwandelst du dich weiter. Glänzende Gegenden, die am Ende
> gegen etwas laufen, dort, wo wir herkommen, aus dem All.

Ihre Poetik ist durchlässig, offen, zugewandt. Und man kann es zurecht einen magischen Sprachrealismus nennen, der sich in diesen Texten zeigt; der etwas zu erwecken vermag. Keine Wiedererweckung im streng christlichen Sinn. Eine emphatische Kraft trotz mancher Entbehrungen.

Rückruf – wie diesen Titel verstehen, muss man das überhaupt? Manch einer mag jetzt an uns Deutsche denken, die wir Autos zurückrufen. Und an die Wiederholungstaste auf dem Haustelefon, als es noch Haustelefone gab. Wen rufen wir noch an, die Musen? Oder ist es die Stimme aus einem anderen Leben. Ist es Großvater, der niemals zurückgekommen ist? Vielleicht bedeutet dies einfach, dass wir mit den Toten, den Ahnen, mittels eines unsichtbaren Fadens verbunden sind. Wer kann uns zurückrufen und wohin, in welchen Zustand? Waren wir dem Paradies nicht nahe oder sind es noch immer; von wem erreicht uns die schreckliche Nachricht?

Die neuen Gedichte von Marie T. Martin sind ein Geschenk, ein Geschenk an das Leben. Schiller schrieb, dass es nicht zu den höchsten Gütern gehört. Manchmal ist es das Einzige. Und es öffnet sich jene Tür in die Wälder der Kindheit, in das zu durchdringende Dickicht. Es öffnet sich der Weg zu jenem Lebenswissen, von dem der Literaturwissenschaftler Ottmar Ette spricht. Auf dieser Spur wandeln ihre Gedichte von Anfang an, sie enthalten eine intuitive Kenntnis von Dingen und Zusammenhängen, die nur wenigen Menschen gegeben ist.

»Schreiben bedeutet, mit dem Nicht-Wissen fertig zu werden, sich das Was und Wie zu erkämpfen«. Dieser Satz von Donald Barthelme könnte für das Verstehen der Arbeiten von Marie T. Martin nützlich sein. Denn, was sie weiß, geht über das Nicht-Wissen, das eingeschränkte Denken, hinaus. Und dass sich diese Gedichte auf etwas zu bewegen, wird augenscheinlich. Sie nähern sich den Rändern der Welt, sei diese ein Dorf oder eine riesige Stadt, die rote Wüste.

Wo an den Rändern ein Zusammenleben aller Kreaturen; wie es so schön heißt, auf du und du; möglich wäre, dorthin changieren diese Gedichte. Dies lässt uns teilhaben und auch einen Verlust spüren; denn wohin wir uns wenden, wir stehen an sichtbaren und unsichtbaren Grenzen. Das Leben, schreibend zu ändern, ist dies nicht der eigentliche, also menschliche Grund? Hiervon angetrieben meint Lebenswissen, im Sinne einer Ethik der Textkulturen, ein bewegliches, wandelbares und interdisziplinäres Speichermedium von Erkenntnis und Erfahrung. Den stetigen Veränderungen der Lebensformen literarisch Rechnung zu tragen, bedeutet die poetischen Wissensbestände aufzuzeigen und zu mehren. So gesehen sind Texte gespeicherte Zeit, in der sich die Zeitformen miteinander verbinden. Das Vergangene wird als Kontinuum aufgehoben. Ebenso das Jetzt; in dem alles noch einmal geschieht, anders und neu. Auf immer die gleiche Weise.

Und es bleibt das Gedicht. Das Gedicht, heute, gestern und morgen. Das Gedicht wie Tau oder *Blüthenstaub*. Das Gedicht ohne

Zusatzzahl und Versicherungspolice. Das Gedicht, nackt wie ein Vogel. Das Gedicht, nackt wie ein Brot oder Stein.

Wir können nicht so tun, als seien noch andere auf diesem Boot, sei es eine Arche oder die sinkende Titanic. Wir können nicht darauf hoffen und glauben, dass die Gesellschaft, in der wir leben, eine Antwort parat hat. Es geht um das Schreiben an sich, den poetischen Akt. Und jedes noch so gut gemeinte oder unfreiwillige Kritikerwort lässt uns der eigentlichen Tatsache gedenken, dass Dichtung frei sein will und schwesterlich, dass sie sich niemals gemein macht. Sondern wild ist, wenn nötig dagegen spricht. Von jener Unbedingtheit, dem Begehren und gewiss auch der Zärtlichkeit, schrieb Marguerite Duras; von der »Zeit vor dem Leben«, die die Zeit des Schreibens ist. Vom Schmerz, dieses Leben auszuhalten in seinen Fragmentierungen, den Begrenzungen und dem Entgrenzen ebenso, den Auf- und Abbrüchen. All dies lässt uns das Unvollendete mitdenken. Das in sich Begriffene, das Eingeschlossene und Schimmernde. Das Unvollendete erscheint uns zurecht als eine offene Form, der wir trauen können. Sie schließt das Nachkommende als Möglichkeit mit ein. Im Nicht-Abgeschlossenen liegt ein Quell, vielleicht auch der des Wunders.

Marie T. Martins Gedichte sind vollendet und schön.

Tom Schulz, Rolandseck, im Sommer 2020

Inhaltsverzeichnis

Rückruf

Wabenwunsch

Zauderfell

Heidelbeere, Zweifelrede

Blaufeld

Nachwort